ANALECTS OF CONFUCIUS

A GUIDE TO ANCIENT WISDOM

《论语》解读：探寻古代智慧

Volume 19

YUBAO ZHANG　张玉宝

ACKNOWLEDGEMENT

I would like to express my deepest gratitude to the timeless wisdom of Confucius, whose teachings have inspired generations of thinkers and scholars. The Analects of Confucius serve as a guiding light for our understanding of morality, ethics, and human relations, and I am honored to have had the opportunity to delve into these profound insights through this book series.

I am also grateful to the many scholars and researchers who have contributed to the ongoing study and interpretation of Confucian thought, and to my readers for their interest in this ancient yet ever-relevant philosophy.

INTRODUCTION

Welcome to the book series on the Analects of Confucius, a collection of teachings and sayings from one of the most influential philosophers in Chinese history. This series is designed to introduce readers, from beginners to intermediate level students of Mandarin Chinese, to the rich and nuanced world of Confucian thought.

In each book, I have compiled a diverse set of quotes from the Analects, offering a unique perspective on Confucius' teachings on morality, ethics, and human relations. Each chapter focuses on a particular teaching, providing an English interpretation of the quote and a detailed explanation of its meaning and significance.

Whether you are looking to deepen your understanding of Confucian philosophy or simply want to appreciate the wisdom of one of the greatest thinkers in human history, I believe that this book series will offer valuable insights and inspiration. So, let us embark on this journey together, and discover the timeless wisdom of the Analects of Confucius.

CONTENTS

第一章：子贡论立国之本

1）中文冠名

"信重于食：子贡论立国之本"

2）原短语

子贡曰："必不得已而去，于斯二者何先？"曰："去食。自古皆有死，民无信不立。"

3）写出短语的拼音

zǐ gòng yuē："bì bù dé yǐ ér qù，yú sī èr zhě hé xiān？"yuē："qù shí。zì gǔ jiē yǒu sǐ，mín wú xìn bù lì。"

4）写出短语的英文解释

"Zigong said, 'If one had to give up something absolutely necessary, which of these two should be given up first?' The reply was, 'Give up food. People have always died, but a people without trust cannot stand.'"

5）一篇详细的文章来解释这个短语

信重于食：子贡论立国之本

在中国古代儒家思想中，信任与道德被视为治理国家、安定社会的重要基石。这一观点在《论语》中得到了深刻的体现，其中"子贡曰：'必不得已而去，于斯二者何先？'曰：'去食。自古皆有死，民无信不立。'"这一段落，更是直接点明了信任在国家治理中的至高无上地位。

故事发生在孔子与其弟子子贡的对话之中。子贡提出一个假设性的极端情况：如果国家面临绝境，必须在"食"（即生存的基本物资）与"信"（即国家与民众之间的信任）之间做出选择，那么应该优先放弃哪一个？孔子毫不犹豫地回答："去食。"他进一步解释说："自古以来，人终有一死，但如果没有了信任，国家就无法立足。"

这句话深刻地揭示了信任在国家治理中的核心作用。在孔子看来，物质生存固然重要，但信任才是维系社会稳定、推动国家发展的根本。信任是国家与民众之间的纽带，是政策得以执行、法律得以遵守的基础。一个缺乏信任的社会，即便物质丰富，也难以长久维持和谐与繁荣。

进一步来看，孔子的这一观点不仅仅是对国家治理的见解，更是对人性、社会关系的深刻洞察。人作为社会性动物，需要相互之间的信任来构建稳定的群体关系。这种信任不仅仅是个人之间的情感联系，更是社会秩序得以维系的重要前提。在国家层面，信任意味着民众对政府的信赖和支持，是政府权威和合法性的重要来源。

因此，当我们回顾历史、审视现实时，不难发现信任在国家治理中的重要作用。无论是古代王朝的兴衰更替，还是现代国家的治理实践，都深刻地印证了"民无信不立"的道理。只有建立在信任基础上的国家，才能凝聚人心、汇聚力量，实现长治久安和繁荣发展。

综上所述，"信重于食"不仅是孔子对国家治理的独到见解，更是对人类社会发展的深刻总结。它提醒我们，在追求物质文明的同时，更要重视精神文明的建设，特别是要加强信任这一社会资本的积累与培育。只有这样，我们才能构建一个更加和谐、稳定、繁荣的社会。

第二章：孔子论君子之道

1）中文冠名

"慎言重质：孔子论君子之道"

2）原短语

惜乎，夫子之说君子也！驷不及舌。文犹质也，质犹文也。虎豹之鞟犹犬羊之鞟。

3）写出短语的拼音

xī hū，fū zi zhī shuō jūn zǐ yě！sì bù jí shé。wén yóu zhì yě，zhì yóu wén yě。hǔ bào zhī kuò yóu quǎn yáng zhī kuò。

（注：原文中"鞟"可能是一个古字，现代汉语中不常用，此处按音近字处理，实际读音可能有所不同，但在此拼音系统中无法精确表示。）

4）写出短语的英文解释

"Alas, the words of the master on the subject of the gentleman! Four horses cannot overtake a spoken word. The ornamentation (of words or actions) is like the substance, and the substance is like the ornamentation. The skin of a tiger or leopard is no different from the skin of a dog or sheep when stripped of its fur."

（注：英文解释在保持原意的基础上进行了适当的意译和简化，以符合英文表达习惯。）

5）一篇详细的文章来解释这个短语

慎言重质：孔子论君子之道

在孔子的教诲中，我们常能听到关于君子品德与言行举止的深刻论述。其中，"惜乎，夫子之说君子也！驷不及舌。文犹质也，质犹文也。虎豹之鞟犹犬羊之鞟。"这句话，不仅体现了孔子对君子言语谨慎的重视，也深刻揭示了内在品质与外在表现之间的辩证关系。

首先，"惜乎，夫子之说君子也！"表达了说话者对孔子关于君子言论教诲的感慨与珍视。孔子认为，君子应当言出必行，言行一致，因此言语的谨慎尤为重要。"驷不及舌"则是用生动的比喻强调了言语一旦出口，便如离弦之箭，难以收回。这告诫我们，在发表言论之前，应深思熟虑，避免轻率行事，以免给他人带来伤害或造成不良后果。

接下来，"文犹质也，质犹文也。"这句话揭示了内容与形式、内在品质与外在表现之间的相互依存关系。在这里，"文"可以理解为言语、行为等外在的表现形式，"质"则是指人的内在品质、道德修养。孔子认为，真正的君子应该做到内外兼修，即内在品质高尚的同时，外在表现也要得体、恰当。只有这样，才能真正赢得他人的尊重和信赖。

最后，"虎豹之鞟犹犬羊之鞟。"这句话以虎豹与犬羊的皮革为例，进一步阐述了内在品质的重要性。即使虎豹之皮因失去毛发而看似与犬羊之皮无异，但其本质上的差异却是无法抹去的。同样，人的价值也在于其内在品质而非外在的装扮或身份。一个真正的君子，即使身处逆境或平凡之中，也能因其高尚的品德而熠熠生辉。

综上所述，"慎言重质：孔子论君子之道"这句话不仅是对君子言行举止的规范和要求，更是对人生价值和道德追求的深刻阐述。它提醒我们，在追求外在成功和认可的同时，更应注重内在品质的修养和提升。只有这样，我们才能在纷繁复杂的世界中保持清醒的头脑和坚定的信念，成为真正有价值的人。

第三章：文礼并重，不逾规矩

1）中文冠名

"文礼并重，不逾规矩"

2）原短语

博学于文，约之以礼，亦可以弗畔矣夫。

3）写出短语的拼音

bó xué yú wén, yuē zhī yǐ lǐ, yì kě yǐ fú pàn yǐ fú.

4）写出短语的英文解释

"One who is erudite in literature and disciplines oneself with propriety will not deviate from the right path."

5）一篇详细的文章来解释这个短语

"文礼并重，不逾规矩"——解读"博学于文，约之以礼，亦可以弗畔矣夫"

在中国古代儒家思想中，"博学于文，约之以礼，亦可以弗畔矣夫"是一句深刻而富有哲理的话，它出自《论语·雍也》，是孔子对其弟子子夏的教导，蕴含了学习与修养、知识与品德并重的教育理念。这句话不仅是对个人修养的期许，也是对社会和谐稳定的追求。

一、博学于文：知识的海洋

"博学于文"，首先强调的是广泛学习各类文化知识的重要性。在古代，"文"不仅指文字、文章，更泛指一切学问、知识。孔子认为，一个人要想成为有德有才之人，必须广泛涉猎各种书籍，汲取古今中外的智慧。通过学习，不仅能增长见识，拓宽视野，还能培养批判性思维和解决问题的能力。博学不仅是对外在世界的探索，更是内在修养的提升，是成为君子不可或缺的基础。

二、约之以礼：品德的约束

"约之以礼"，则是对个人行为规范的严格要求。礼，是儒家思想的核心之一，它不仅仅是外在的礼仪、礼节，更是一种内在的道德约束和自我要求。孔子认为，仅有知识而不讲礼，就可能走向傲慢无礼；而只有礼没有知识，则可能流于迂腐。因此，他强调要将所学知识内化于心，外化于行，用礼仪来约束自己的行为，使之符合社会道德规范。通过礼的约束，个人能够在复杂的社会环境中保持清醒的头脑，坚守道德底线，不偏离正道。

三、亦可以弗畔矣夫：不偏离正道的保证

"亦可以弗畔矣夫"，是前两句的必然结果。畔，即偏离、背叛。孔子认为，当一个人既博学多识，又严于律己，以礼待人，那么他就能在社会生活中找到正确的方向，不会偏离正道，也不会背叛自己的良心和原则。这种不偏离正道的状态，不仅是个人修养的体现，也是社会稳定和谐的基石。

综上所述，"博学于文，约之以礼，亦可以弗畔矣夫"这句话，深刻揭示了知识与品德、学习与修养之间的密切关系。它告诉我们，在追求知识的同时，不能忽视品德的修养；在自我提升的过程中，要时刻以礼为准则，约束自己的行为。只有这样，我们才能成为真正有德有才之人，为社会的和谐与发展贡献自己的力量。

第四章：明察秋毫，远避谗言

1）中文冠名

"明察秋毫，远避谗言"

2）原短语中文

浸润之谮，肤受之愬，不行焉，可谓明也已矣；浸润之谮、肤受之愬不行焉，可谓远也已矣。

3）短语的拼音

jìn rùn zhī zèn, fū shòu zhī sù, bù xíng yān, kě wèi míng yě yǐ yǐ; jìn rùn zhī zèn, fū shòu zhī sù bù xíng yān, kě wèi yuǎn yě yǐ yǐ.

4）英文解释

"The slander that gradually seeps in and the baseless complaints based on superficial impressions, if they do not affect one's judgment, can be said to demonstrate great clarity of mind. To remain unswayed by such slander and complaints is also a sign of far-sighted wisdom."

5）详细解释文章

明察秋毫，远避谗言

在纷繁复杂的人际交往中，我们常常会遇到各种形式的言论与评价，其中不乏"浸润之谮"与"肤受之愬"。这两者，一者如细雨润物，悄无声息地侵蚀人心；一者则如表面之伤，轻易引发不必要的怨恨与误解。然而，能够做到"浸润之谮，肤受之愬，不行焉"，不仅是个人智慧与修养的体现，更是迈向更高人生境界的重要一步。

浸润之谮，悄然无声的危险

"浸润之谮"指的是那些看似无害、实则潜移默化的负面言论。它们可能以朋友间的闲聊、同事间的"好心提醒"或是媒体上的微妙暗示等形式出现，日复一日，年复一年，逐渐侵蚀着我们的判断力与信任感。这种谮言往往不直接攻击，而是通过暗示、夸张或选择性呈现事实，让人在不知不觉中产生偏见与误解。能够识破并抵御这种谮言，保持内心的清明与独立判断，实属难能可贵，这正是"可谓明也已矣"的深意所在。

肤受之愬，表面的伤痛

"肤受之愬"则是指基于表面现象或短暂接触而产生的抱怨与指责。它可能源于一次误会、一次不愉快的交流或是简单的道听途说。这类抱怨往往缺乏深入的了解与全面的分析，仅凭一时之感而发，容易引发不必要的冲突与隔阂。面对这样的愬言，能够保持冷静，不轻易被其左右，是成熟与理智的表现。当我们能够做到"肤受之愬不行焉"，便是在人际关系的海洋中稳稳掌舵，避免了许多无谓的漩涡与风浪。

远避谗言，智慧的抉择

"可谓远也已矣"则是对上述两种境界的升华。它不仅仅是对个体智慧的赞誉，更是对一种高瞻远瞩、深谋远虑的人生态度的肯定。能够远离谗言，不仅意味着在当下能够保持清醒与独立，更预示着在未来能够避免因盲目听信而导致的长远损失。这是一种自我保护的智慧，也是一种对他人、对社会负责的态度。

总之，"明察秋毫，远避谗言"不仅是对个人修养的要求，更是对人生智慧的高度概括。在复杂多变的社会环境中，只有保持一颗清醒的头脑，才能洞察真相，远离纷扰，走向更加光明与宽广的未来。

第五章：民富国强，信义立邦

1）中文冠名

冠名：民富国强，信义立邦

2）原短语

原短语：足食，足兵，民信之矣。

3）写出短语的拼音

拼音：zú shí, zú bīng, mín xìn zhī yǐ.

4）写出短语的英文解释

English Explanation: "When there is sufficient food, a well-equipped army, and the people have faith in their leaders, then the country is truly prosperous and secure."

5）一篇详细的文章来解释这个短语

民富国强，信义立邦 —— 解析"足食，足兵，民信之矣"

在中国古代的政治智慧中，"足食，足兵，民信之矣"这句话蕴含着深刻的社会治理哲理，它不仅是对国家安定繁荣的基本要求，也是构建和谐社会、实现长治久安的重要基石。这句话出自儒家经典，强调了三个关键要素：粮食充足、军事强大和民众信任，它们共同构成了国家稳定与发展的三大支柱。

一、足食：经济基础决定上层建筑

"足食"是国家治理的首要任务，它关乎百姓的温饱，是社会稳定的基础。在古代社会，农业是国家的根本，粮食的丰收与否直接关系到国家的兴衰。因此，历朝历代都极为重视农业发展，通过兴修水利、推广农具、减轻赋税等措施，确保粮食生产的稳定与增长。只有粮食充足，才能避免饥荒与民变，为国家的长远发展奠定坚实的物质基础。

二、足兵：国防安全是国家生存的保障

"足兵"则强调了军事力量的重要性。在冷兵器时代，强大的军队是国家安全的保障，能够有效抵御外敌入侵，维护领土完整和主权独立。同时，军队也是维护国内秩序、镇压叛乱的重要力量。因此，建设一支装备精良、训练有素、纪律严明的军队，对于维护国家安全和稳定至关重要。

三、民信之矣：民心向背决定国家兴亡

"民信之矣"是这句话的精髓所在，它指出了民众信任对于国家治理的决定性作用。政府只有赢得民众的信任和支持，才能顺利实施各项政策，推动社会进步。这种信任建立在政府公正廉明、勤政为民的基础上，需要政府不断改善民生、维护公平正义、加强与民众的沟通与交流。当民众对政府充满信任时，就会自觉遵守法律法规，积极参与国家建设，形成强大的社会合力，推动国家不断向前发展。

综上所述，"足食，足兵，民信之矣"不仅是对古代国家治理经验的总结，也是现代社会治理的重要参考。在当今世界，国家之间的竞争日益激烈，面对复杂多变的国内外形势，我们更应深刻理解和践行这一智慧，努力实现经济繁荣、军事强大和民众信任的统一，为实现中华民族伟大复兴的中国梦贡献力量。

第六章：行难言慎

1）中文冠名

"行难言慎"

2）原短语

为之难，言之得无切乎？

3）写出短语的拼音

wéi zhī nán, yán zhī dé wú rèn hū?

4）写出短语的英文解释

"Is it not prudent to be cautious in speech, given the difficulty of the deed itself?"

5）一篇详细的文章来解释这个短语

行难言慎：论实践与言论的审慎态度

在中国古代智慧的海洋中，"为之难，言之得无切乎？"这一短语如同一颗璀璨的明珠，闪耀着深刻的哲理光芒。它出自古代典籍，简短却意蕴深远，告诫我们在面对实际行动的艰难与挑战时，应当持有一种谦逊、谨慎的态度去发表言论，避免轻率与浮夸。

一、实践之难，深知方行

"为之难"，意指做任何事情都不是轻而易举的，需要付出艰辛的努力和不懈的奋斗。无论是治理国家、教书育人，还是日常生活中的点滴小事，都蕴含着不为人知的艰辛与挑战。只有亲身经历，方能深刻理解其中的不易与复杂。这种对实践难度的深刻认识，促使我们在行动前深思熟虑，做好充分的准备。

二、言之慎，责任重于泰山

"言之得无讱乎？"，则是对言论谨慎性的高度强调。"讱"，意为说话谨慎，不轻易开口。在古人看来，言论不仅是个体思想的表达，更是一种社会责任的体现。尤其是在面对重要事务或复杂情况时，更应三思而后言，避免因轻率或错误的言论而造成不良影响。因为一旦话语出口，便如覆水难收，可能对他人、对社会产生深远的影响。

三、行难言慎，相辅相成

"为之难，言之得无讱乎？"这一短语所蕴含的哲理，实际上是实践与言论之间的辩证关系。实践是检验真理的唯一标准，只有通过实践，我们才能真正了解事物的本质和规律；而言论则是我们传达思想、交流意见的工具。在实践中，我们积累了经验和教训，这些宝贵的财富应当通过谨慎的言论来分享和传播。同时，谨慎的言论也能促使我们更加深入地思考和实践，形成良性循环。

四、现代社会的启示

在快节奏的现代社会中，"为之难，言之得无讱乎？"这一古训依然具有重要的现实意义。在信息爆炸的时代背景下，人们往往容易被各种言论所左右，甚至产生盲目跟风和冲动行为。因此，我们更应当保持清醒的头脑和审慎的态度，对待每一个言论都要进行深入的思考和判断。同时，在实际行动中也要勇于担当、敢于创新，不断追求更高的目标和更好的自己。

总之，"为之难，言之得无讱乎？"这一短语不仅是对古代智慧的传承和弘扬，更是对现代人生活和工作的深刻启示。它提醒我们在面对挑战和困难时保持谦逊和谨慎的态度，用实际行动去证明自己的价值和能力。

第七章：君子无畏

1）中文冠名

"君子无畏"

2）原短语

君子不忧不惧

3）写出短语的拼音

jūn zǐ bù yōu bù jù

4）写出短语的英文解释

A noble person is neither anxious nor afraid.

5）一篇详细的文章来解释这个短语

君子不忧不惧：论君子之道的从容与坚定

在中国传统文化中，"君子"一词承载着深厚的道德内涵与人格理想，它不仅仅是对个人品德的赞誉，更是一种生活态度和处世哲学的体现。而"君子不忧不惧"这一短语，正是对君子心境与行为准则的精辟概括，展现了君子在面对人生种种境遇时的从容不迫与坚定无畏。

君子之"不忧"

"不忧"，并非指君子没有忧愁或烦恼，而是指他们能够以一种超然物外的态度去看待生活中的不如意。君子深知人生在世，难免遭遇挫折与困境，但他们不会因此而沉溺于忧愁之中，更不会让负面情绪左右自己的判断与行动。相反，他们会以乐观的心态去面对挑战，从每一次失败中汲取教训，不断自我完善，提升自我修养。这种"不忧"，是君子内心强大与智慧的表现，也是他们能够在逆境中保持冷静与理智的关键所在。

君子之"不惧"

"不惧"，则体现了君子在面对未知与危险时的勇敢与坚定。君子明白，真正的勇敢并非无所畏惧，而是即便心存畏惧，也能勇于担当，勇往直前。他们深知，人生路上充满了未知与挑战，只有勇于面对，才能不断成长，实现自我价值。因此，无论是面对强权压迫，还是面对艰难险阻，君子都能保持一颗坚定的心，不退缩、不逃避，用实际行动诠释着"勇者无惧"的真谛。

君子之道的内涵

"君子不忧不惧"，不仅是对君子个人品质的赞誉，更是对君子之道深刻内涵的揭示。它告诉我们，一个真正的君子，应该具备超然物外的豁达心态，能够在纷繁复杂的世界中保持内心的宁静与平和；同时，他也应该拥有勇于担当的责任感与使命感，能够在关键时刻挺身而出，为正义与真理而战。这种既有"不忧"之豁达，又有"不惧"之勇气的君子形象，成为了中国传统文化中一道亮丽的风景线，激励着无数后人不断追求更高的道德境界与人生理想。

总之，"君子不忧不惧"是一种高尚的人生境界与处世哲学，它要求我们在面对生活中的种种挑战与困境时，既要保持内心的宁静与平和，又要勇于担当、勇往直前。只有这样，我们才能真正成为一个有德、有才、有勇的君子，为社会的进步与发展贡献自己的力量。

第八章：子贡论道之取舍

1）中文冠名

"去兵之问：子贡论道之取舍"

2）原短语

子贡曰："必不得已而去，于斯三者何先？"曰："去兵。"

3）写出短语的拼音

zǐ gòng yuē："bì bù dé yǐ ér qù，yú sī sān zhě hé xiān？"yuē："qù bīng。"

4）写出短语的英文解释

"Zigong said, 'If it is absolutely necessary to give up one of these three, which should be the first to go?' Confucius replied, 'Military force.'"

5）一篇详细的文章来解释这个短语

去兵之问：子贡论道之取舍

在中国古代儒家思想中，孔子及其弟子的言行被记录于《论语》之中，成为后世学习与传承的宝贵财富。其中，"子贡曰：'必不得已而去，于斯三者何先？'曰：'去兵。'"这一段对话，深刻体现了儒家对于社会治理、道德伦理以及和平理念的重视。

背景解析

这段对话发生在孔子与其弟子子贡之间，讨论的是在面对极端情况下，如何在几个重要价值之间做出取舍。虽然原文并未明确"三者"具体指何，但结合儒家思想的核心价值，我们可以推测这"三者"可能涵盖了仁、义、礼、智、信等儒家所推崇的品德或治国理念，以及可能包括军事力量（兵）在内的社会要素。

子贡之问

子贡，作为孔子的得意门生之一，以其敏而好学、善于提问著称。他提出的"必不得已而去，于斯三者何先？"的问题，实际上是在探讨当社会面临巨大危机，必须做出艰难选择时，儒家思想应如何指导我们进行价值排序。这种提问方式，既体现了子贡对儒家思想的深刻理解，也反映了他对现实问题的敏锐洞察。

孔子之答

面对子贡的提问，孔子毫不犹豫地回答："去兵。"这一回答，不仅是对军事力量在儒家价值体系中相对位置的明确表态，更是对和平、仁爱理念的坚定捍卫。在孔子看来，虽然军事力量在维护国家安全、抵御外侮方面有着不可替代的作用，但相比于仁、义、礼等道德伦理和社会秩序的根本，军事力量应当是次要的、可以牺牲的。因为，真正的强大不在于武力征服，而在于人心的向背、道德的感召和社会的和谐。

深层含义

孔子的回答，深刻揭示了儒家思想对于和平、仁爱、道德至上的追求。它告诉我们，在面对复杂多变的社会现实时，应始终坚守道德底线，以仁爱之心待人接物，以礼义之道规范行为。同时，也提醒我们警惕军事力量的滥用和过度依赖，因为真正的长治久安、繁荣昌盛，离不开人心的凝聚、道德的支撑和社会的和谐。

综上所述，"去兵之问：子贡论道之取舍"不仅是一段简短的对话记录，更是儒家思想精髓的生动体现。它启示我们，在追求国家富强、民族复兴的伟大征程中，应始终坚持以人民为中心的发展思想，注重道德建设和社会和谐，努力构建人类命运共同体。

第九章：权衡取舍，何者为先

1）中文冠名

"权衡取舍，何者为先？"

2）原短语

必不得已而去，于斯二者何先？

3）写出短语的拼音

bì bù dé yǐ ér qù, yú sī èr zhě hé xiān?

4）写出短语的英文解释

"If one must choose to abandon something out of necessity, among these two options, which one should take precedence?"

5）一篇详细的文章来解释这个短语

必不得已而去，于斯二者何先？

"必不得已而去，于斯二者何先？"这一古语，源自中国古代智慧，蕴含了深刻的抉择与权衡之道。它不仅仅是一个简单的疑问句，更是对人生哲理的深刻探讨，教导我们在面对两难选择时，应如何做出最为明智的决定。

首先，我们解析这句话的字面意思。"必不得已而去"，意味着在某种极端情况下，出于无奈或为了更大的利益，必须放弃或割舍某些东西。这里的"去"，可以理解为放弃、离开或舍弃。"于斯二者何先"，则是指在两个必须放弃的选项中，哪一个应该被优先考虑或先行放弃。

这句话的精髓在于它所体现的取舍智慧。在生活中，我们常常会遇到需要做出艰难选择的情况，比如职业发展与家庭陪伴的冲突、个人理想与现实条件的矛盾等。这些选择往往没有绝对的对错，而是需要我们根据自己的价值观、人生目标以及当前的具体情况来综合考量。

当我们面对这样的选择时，"必不得已而去，于斯二者何先？"提醒我们要冷静分析，权衡利弊。首先，明确哪些因素是不可或缺的，哪些是可以妥协的。其次，考虑长远利益与短期需求的平衡，以及放弃某一选项可能带来的后果。最后，基于自己的判断和价值观，做出最符合自己情况的决定。

在这个过程中，我们需要有勇气面对放弃的痛苦，有智慧去识别真正的价值所在，有决心去执行自己的选择。因为每一次的放弃，都是为了更好地前进；每一次的选择，都是对自己未来的投资。

此外，这句话还启示我们，在做出选择后，要勇于承担责任和后果。无论是选择留下还是离开，都要坚定地走下去，不后悔、不抱怨。因为人生没有彩排，每一天都是现场直播。我们所能做的，就是珍惜每一个当下，努力让自己的选择变得更加有意义和价值。

总之，"必不得已而去，于斯二者何先？"是一句充满智慧与哲理的古语。它教会我们在面对艰难选择时如何权衡利弊、如何做出明智的决定。让我们在人生的道路上更加从容不迫地前行，不断追求更加美好的未来。

第十章：民富则君安

1）中文冠名

"民富则君安"

2）原短语

有若对曰："百姓足，君孰与不足？百姓不足，君孰与足？"

3）写出短语的拼音

Yǒu Ruò duì yuē："Bǎi xìng zú，jūn shú yǔ bù zú？Bǎi xìng bù zú，jūn shú yǔ zú？"

4）写出短语的英文解释

"You Ruo replied, 'If the common people are well-off, how can the ruler be poor? If the common people are poor, how can the ruler be rich?'"

5）一篇详细的文章来解释这个短语

民富则君安：解读"百姓足，君孰与不足？百姓不足，君孰与足？"

在中国古代的政治哲学中，民本思想一直占据着重要地位，它强调国家的兴衰与民众的福祉紧密相连。孔子弟子有若的这句"百姓足，君孰与不足？百姓不足，君孰与足？"深刻体现了这一思想精髓，即民众的富足是国家稳定、君主安泰的基石。

背景与语境

这句话出自《论语》的某个篇章，是有若在回答关于国家治理的提问时所说。它不仅仅是对当时社会现象的一种观察，更是对君主治理国家应遵循原则的一种深刻阐述。在那个时代，君主作为国家的最高统治者，其行为和决策直接影响着国家的命运和民众的生计。

解读与分析

"百姓足，君孰与不足？"这句话的意思是，如果百姓的生活富足，那么君主又怎么会不富足呢？这里的有若通过反问的方式，强调了民众富足对于君主的重要性。他认为，民众是国家的根本，只有民众安居乐业，国家才能繁荣昌盛，君主也才能从中受益。反之，如果民众生活困苦，国家经济萧条，君主又怎能独善其身，享受安逸呢？

"百姓不足，君孰与足？"则进一步揭示了民众与君主之间的依存关系。它告诫君主，如果忽视了民众的需求和利益，导致民众生活困顿，那么最终也会危及到自身的统治地位。因为民众是国家的基石，没有民众的支持和拥护，君主的权力就无从谈起。

现实意义

这句话对于今天的我们依然具有重要的启示意义。它提醒我们，在任何时候都要把人民的利益放在首位，坚持以人民为中心的发展思想。只有让人民过上幸福美好的生活，国家才能长治久安，社会才能和谐稳定。同时，这句话也警示我们，作为领导者或决策者，必须时刻关注民生问题，倾听民众的声音，及时解决民众的困难和问题，以赢得民众的信任和支持。

总之，"百姓足，君孰与不足？百姓不足，君孰与足？"这句古语不仅是对古代政治智慧的精炼概括，更是对现代社会治理理念的深刻启示。它告诉我们，只有让人民过上富足的生活，才能实现国家的繁荣富强和长治久安。

第十一章：德行正道与情感之惑

1）中文冠名

"德行正道与情感之惑"

2）原短语

主忠信，徙义，崇德也。爱之欲其生，恶之欲其死；既欲其生又欲其死，是惑也。'诚不以富，亦只以异。'

3）写出短语的拼音

zhǔ zhōng xìn, xǐ yì, chóng dé yě. ài zhī yù qí shēng, wù zhī yù qí sǐ; jì yù qí shēng yòu yù qí sǐ, shì huò yě. 'chéng bù yǐ fù, yì zhǐ yǐ yì.'

4）写出短语的英文解释

Emphasize loyalty and trustworthiness, adhere to righteousness, and exalt virtue. To love someone so much that you wish them alive, and to hate them so intensely that you wish them dead; desiring both their life and death simultaneously is a sign of confusion. "True virtue does not come from wealth, but rather from distinction of character."

5）一篇详细的文章来解释这个短语

德行正道与情感之惑

"主忠信，徙义，崇德也。"这句话出自古代先贤的教诲，它深刻阐述了个人修养与道德行为的核心原则。首先，"主忠信"强调的是忠诚与信义的重要性。在人际交往中，忠诚是对他人承诺的坚守，信义则是言行一致、诚实守信的品格。一个人若能以忠诚和信义为行事准则，便能赢得他人的尊重与信赖，构建稳固和谐的人际关系。

"徙义"则意味着勇于追求和实践正义。面对是非曲直，不随波逐流，而是根据内心的道德标准做出正确的选择。这种对正义的执着追求，是提升个人品德、促进社会公正的重要动力。

"崇德也"是对前两者的升华，即崇尚高尚的品德。德，是内在修养与外在行为的完美统一，是人格魅力的体现。一个人只有不断修养自身，提升品德，才能在社会中立足，成为他人的楷模。

然而，接下来的"爱之欲其生，恶之欲其死；既欲其生又欲其死，是惑也。"则揭示了人们在情感上的困惑与矛盾。当人们对某人产生极度的喜爱或厌恶时，往往容易失去理智，产生极端的想法。这种情感上的极端波动，不仅不利于个人心理健康，也可能对他人造成伤害。真正的智慧在于认识到这种情感的局限性，学会以平和、理性的态度去面对人与事。

最后，"诚不以富，亦只以异。"这句话进一步强调了品德与财富的关系。真正的品德修养并不是由财富的多寡决定的，而是源于个人的内在品质与道德修养。一个品德高尚的人，即使不富有，也能赢得他人的尊敬；而一个品德低劣的人，即使拥有再多的财富，也难以掩盖其内在的空虚与丑陋。

综上所述，"德行正道与情感之惑"这一短语不仅是对个人品德修养的深刻阐述，也是对人们在情感处理上的一种警醒。它告诉我们，在追求成功与幸福的过程中，不应忽视对品德的修养与提升；同时，在面对情感波动时，应保持理性与冷静，避免被极端情绪所左右。只有这样，我们才能成为真正有德、有智、有情的人。

第十二章：各安其位，各尽其责

1）中文冠名

冠名：各安其位，各尽其责

2）原短语

君君，臣臣，父父，子子。

3）写出短语的拼音

jūn jūn, chén chén, fù fù, zǐ zǐ

4）写出短语的英文解释

"Each should fulfill their respective roles and duties: the ruler should behave like a ruler, the subject should behave like a subject, the father should behave like a father, and the son should behave like a son."

5）一篇详细的文章来解释这个短语

各安其位，各尽其责 —— 解析"君君，臣臣，父父，子子"

在中国古代儒家思想中，"君君，臣臣，父父，子子"这一短语，深刻体现了社会等级秩序与伦理道德的核心观念。它不仅仅是对社会成员角色定位的简单描述，更是一种理想化的社会伦理规范，旨在通过明确各自的责任与义务，达到社会的和谐与稳定。

一、君君：君主之德

"君君"强调的是君主应具备的品德与行为准则。作为国家的最高统治者，君主需以身作则，遵循正道，仁爱百姓，公正无私。他不仅是政治权力的象征，更是道德风尚的引领者。君主若能恪守君道，则国家昌盛，百姓安居乐业。

二、臣臣：臣子之忠

"臣臣"则要求臣子忠诚于君主，勤勉于国事。臣子作为君主的辅佐，需尽心尽力，忠诚不贰，以国家利益为重，不徇私情，不贪赃枉法。臣子的忠诚与勤勉，是维护君主权威、保障国家机器正常运转的重要基石。

三、父父：父爱如山

"父父"指的是父亲应尽的责任与义务。父亲在家庭中扮演着重要的角色，他不仅是经济支柱，更是子女成长的引路人。父爱如山，深沉而厚重，父亲应以身作则，教育子女孝顺、正直、勤奋，为子女树立良好的榜样。

四、子子：子孝为先

"子子"则是对子女行为的规范。子女应尊敬父母，孝顺长辈，这是中华民族的传统美德。子女在成长过程中，应学会感恩与回报，不仅要在物质上赡养父母，更要在精神上给予慰藉。孝顺不仅是个人品德的体现，也是家庭和谐、社会稳定的重要因素。

总结

"君君，臣臣，父父，子子"这一短语，以简洁而富有深意的语言，概括了古代中国社会的基本伦理关系与道德规范。它强调了社会成员应各安其位，各尽其责，共同维护社会的和谐与稳定。在当今社会，这一思想依然具有重要的现实意义，它提醒我们无论身处何种角色与地位，都应恪守职责，遵循道德准则，为社会的繁荣与进步贡献自己的力量。

第十三章：片语断案的智慧

1）中文冠名

"片语断案的智慧"

2）原短语

片言可以折狱者，其由也与？

3）写出短语的拼音

piàn yán kě yǐ zhé yù zhě, qí yóu yě yǔ?

4）写出短语的英文解释

A person who can resolve legal disputes with just a few words, is that not (a sign of the wisdom of) You Zi?

5）一篇详细的文章来解释这个短语

片语断案的智慧

"片言可以折狱者，其由也与？"这句话出自中国古代典籍，是对古代智者，尤其是像孔子弟子子路（又名仲由，字子路，简称"由"）一类人物断案能力的赞誉。它意指，仅仅凭借几句简短的话语，就能明辨是非，解决复杂的案件，这样的人，不正是子路那样具有卓越智慧和公正之心的人吗？

在古代社会，司法体系尚不如今日这般完善，很多案件的审理往往依赖于法官的个人智慧与品德。而"片言折狱"这一成语，正是对这种高超司法能力的颂扬。它不仅仅是对言语技巧的肯定，更是对法官能够深入洞察案情，准确把握人心，以理服人，以德化人的能力的认可。

子路，作为孔子的得意门生之一，以其勇猛果敢、正直无私的性格著称。在孔子的教诲下，他不仅武艺高强，更具备了深厚的道德修养和敏锐的判断力。因此，在后世传说中，子路常被描绘为能够仅凭几句简短而有力的话语，就化解纷争，平息诉讼的智者形象。这种"片言折狱"的能力，正是他深厚学识与高尚品德相结合的体现。

然而，"片言折狱"并非易事，它要求法官必须具备以下几个方面的素质：

1. **深厚的学识**：只有对法律条文、人情世故有深入的了解，才能在面对复杂案件时，迅速找到问题的症结所在，提出切实可行的解决方案。

2. **敏锐的观察力**：能够细心观察案件中的每一个细节，从细微之处发现线索，为案件的审理提供有力的证据支持。

3. **公正无私的态度**：在审理案件时，不受外界干扰，不偏不倚地对待每一位当事人，确保判决的公正性。

4. **高超的沟通技巧**：能够以简洁明了的语言，向当事人及旁听者阐述案件事实，阐明法律道理，使人心服口服。

"片言可以折狱者，其由也与？"这句话不仅是对古代智者的一种赞美，更是对现代司法工作者的一种鞭策。它提醒我们，在追求司法公正与效率的同时，更应注重提升自身素养，努力成为能够"片语断案"的智者。

第十四章：君子待客之礼

1）合适的中文冠名

"君子待客之礼"

2）原短语（中文）

君召使摈，色勃如也，足躩如也。揖所与立，左右手，衣前后襜如也。趋进，翼如也。宾退，必复命曰："宾不顾矣。"

3）短语的拼音

jūn zhào shǐ bìn, sè bó rú yě, zú jué rú yě. yī suǒ yǔ lì, zuǒ yòu shǒu, yī qián hòu chǎn rú yě. qū jìn, yì rú yě. bīn tuì, bì fù mìng yuē: "bīn bù gù yǐ."

4）短语的英文解释

When the sovereign summons one to receive guests, one's countenance should become solemn and respectful, one's steps brisk and energetic. When bowing to those standing with oneself, one uses both hands, and one's robes are arranged neatly before and behind. When approaching the guests, one moves with the grace of a bird spreading its wings. After the guests depart, one must report back saying, "The guests have left without looking back."

5）详细文章解释

君子待客之礼

在古代中国，礼仪之道被视为君子修养的重要组成部分，其中"君召使摈"的场景便是展现君子风范的绝佳舞台。这句话出自《论语》，详细描绘了君子在代表国君接待宾客时应有的仪态与举止，体现了深厚的文化底蕴和极高的道德要求。

场景设定：当国君召唤某位君子去接待来访的宾客时，这位君子首先展现出的是"色勃如也"的庄重态度，面色瞬间变得严肃而恭敬，这是对即将进行的接待任务的重视，也是对宾客的尊重。同时，"足躩如也"，步伐轻快而有力，显示出一种既不失礼节又充满朝气的精神状态。

细节之处：在与同僚或侍从并肩而立时，君子会"揖所与立，左右手"，即行礼时双手并用，这不仅是对同伴的尊重，也体现了礼仪的周全。同时，"衣前后襜如也"，意味着其衣着整洁，前后衣襟平整无皱，细节之处见真章，展现了君子对自身形象的严格要求。

行进之姿：在向宾客趋近时，"趋进，翼如也"，君子如同鸟儿展翅般轻盈而优雅地前行，这种姿态既表达了内心的恭敬，又显得庄重而不失风度。这种行进方式，是古人对"行止有度"的生动诠释。

宾客离去：待宾客离开后，"必复命曰：'宾不顾矣。'"君子会及时向国君汇报宾客已经安全离开，并且没有回头留恋，这既是对任务完成情况的反馈，也体现了对国君的忠诚与尽责。这一细节，虽小而见大，展现了君子一丝不苟的处事态度。

综上所述，"君召使摈"的整个过程，是君子礼仪修养的一次全面展示。它不仅要求君子在外在行为上做到规范得体，更在内心深处培养出一种对人对事的恭敬与真诚。这种礼仪之道，不仅适用于古代宫廷，更在今天的社交场合中具有重要的借鉴意义，提醒我们在日常生活中也要注重自己的言行举止，以礼待人，以诚感人。

第十五章：闻行之道，因材施教

1）中文冠名

"闻行之道，因材施教"

2）原短语

"由也问闻斯行诸，子曰'有父兄在'；求也问闻斯行诸，子曰'闻斯行之'。赤也惑，敢问。"

3）写出短语的拼音

yóu yě wèn wén sī xíng zhū ， zǐ yuē 'yǒu fù xiōng zài'； qiú yě wèn wén sī xíng zhū ， zǐ yuē 'wén sī xíng zhī'。 chì yě huò ， gǎn wèn 。"

4）写出短语的英文解释

"When Ziyou asked whether one should act immediately upon hearing something, Confucius replied, 'Your father and elder brothers are still alive.' When Qiuqiu asked the same question, Confucius replied, 'Act upon hearing it.' When Chigong was puzzled by the different answers, he ventured to inquire."

5）一篇详细的文章来解释这个短语

闻行之道，因材施教

在孔子的教育思想中，"闻行之道，因材施教"是一个深刻而具体的体现。这句话源自《论语》，讲述的是孔子针对不同学生的性格、家庭背景及能力差异，给予不同指导的故事。它不仅是孔子教育智慧的展现，也是中国古代教育理念的精髓。

故事发生在孔子与他的三位弟子——子路（由也）、冉有（求也）和公西华（赤也）之间。子路和冉有先后向孔子请教同一个问题："听到一件该做的事，是不是应该立刻去做呢？"孔子却给出了截然不同的回答。对子路，他说："有父兄在，你要先与他们商量。"而对冉有，他则直接鼓励："听到就该去做。"

这一情境让在场的另一位弟子公西华感到困惑不解，于是大胆地向孔子求教。孔子的回答揭示了其中的奥秘：子路性格急躁，行事往往缺乏周全考虑，故孔子提醒他做事前应先与家人商议，以免冲动行事；而冉有则性格较为懦弱，常常犹豫不决，因此孔子鼓励他听到正确的道理就应立即行动，以免错失良机。

这个故事深刻体现了孔子"因材施教"的教育理念。他认为，每个学生都是独一无二的个体，有着不同的性格、能力和成长环境，因此教育不能一刀切，而应根据学生的具体情况进行个性化的指导。孔子通过这一生动的例子，向后人展示了如何根据学生的特点灵活调整教学方法，以达到最佳的教育效果。

"闻行之道，因材施教"不仅是孔子教育智慧的结晶，也是现代教育中值得借鉴的重要原则。它提醒我们，在教育过程中要关注学生的个体差异，尊重学生的个性发展，通过灵活多样的教学方式，激发学生的学习兴趣和潜能，帮助他们成长为有德有才、全面发展的社会栋梁。

第十六章：远思唐棣，情深难及

1）中文冠名

"远思唐棣，情深难及"

这个冠名既保留了原句中的"唐棣"与"远"的意象，又巧妙地融入了情感深重却难以触及的意味，符合原短语的意境。

2）原短语

唐棣之华，偏其反而。岂不尔思？室是远尔。

3）写出短语的拼音

táng dì zhī huā, piān qí fǎn ér. qǐ bù ěr sī? shì shì yuǎn ěr.

4）写出短语的英文解释

"The blossoms of the tang-di tree sway to one side, yet my thoughts for you do not sway. How could I not miss you? It is only that our homes are far apart."

5）一篇详细的文章来解释这个短语

《远思唐棣，情深难及》

在中国古典文学的浩瀚星空中，有许多诗句以其独特的意象与深邃的情感，穿越千年时光，依旧触动人心。"唐棣之华，偏其反而。岂不尔思？室是远尔。"这句出自《诗经》的短语，便是这样一幅情感细腻、意境悠远的画卷。

唐棣之华，自然之美

首先，让我们聚焦于"唐棣之华"。唐棣，一种树木，其花盛开时绚烂夺目，象征着美好与纯洁。诗人以唐棣之花为喻，不仅描绘了自然界的美丽景象，更寄托了对美好情感的向往与赞美。然而，"偏其反而"，这四个字却透露出一种无奈与遗憾——那本该迎风招展、绚烂绽放的唐棣之花，却偏偏随风偏向了一边，仿佛预示着美好的事物总难以圆满，或是情感之路上的波折与不顺。

情深难及，思念之苦

紧接着，"岂不尔思？室是远尔。"这两句直接点出了诗人内心的情感波澜。诗人并非不思念对方，那份深情厚意如同唐棣之花般热烈而真挚。但"室是远尔"，空间的距离成为了横亘在两人之间的巨大障碍。这里的"室"不仅指物理上的居所，更象征着彼此心灵之间的距离感。诗人以简洁而有力的语言，表达了因距离而产生的深深思念与无奈之情。

意境深远，情感共鸣

整句诗以自然景物为引子，巧妙地将个人情感融入其中，营造出一种既清新又哀婉的意境。它不仅仅是对个人情感的抒发，更是对普遍人性中那份对美好追求与渴望、对现实无奈与妥协的深刻描绘。古往今来，多少人在读到这句诗时，都能从中找到自己的影子，感受到那份跨越时空的情感共鸣。

结语

"唐棣之华，偏其反而。岂不尔思？室是远尔。"这句诗以其独特的艺术魅力，成为了中国古典文学中一颗璀璨的明珠。它让我们在欣赏自然之美的同时，也深刻体会到了人类情感的复杂与深邃。在快节奏的现代生活中，不妨偶尔放慢脚步，细细品味这些古典诗句中的韵味与哲理，或许能让我们的心灵得到一份难得的宁静与慰藉。

9 798893 121636